La p... de Olga

Julia Hanna   ilustraciones de Theresa Burns

Contenido

Harcourt

Orlando   Boston   Dallas   Chicago   San Diego

Visita *The Learning Site*
www.harcourtschool.com

De Lódz a Chicago

Cecilia comió un bocado de huevos revueltos con salsa de chile. Era sábado por la mañana, así que su mamá tuvo tiempo de hacerle su desayuno preferido.

—¿Quieren unas tostadas? —preguntó el papá de Cecilia—. Es pan de centeno polaco, y está fresco. Es de la panadería de tu tía Olga.

—¡Sí, por favor!

El pan de centeno era de un hermoso color café muy oscuro. El olor que desprendía al tostarse era una de las mejores cosas del fin de semana.

—¿Cómo está tía Olga? —preguntó la mamá de Cecilia.

—Creo que bien —dijo el papá de Cecilia—. **Estaba haciendo la masa para una gran cantidad de panecillos que le encargaron y no tenía tiempo para hablar.**

—Necesita descansar —dijo la mamá de Cecilia—. Tal vez si la invitáramos a almorzar el domingo, tomaría un día de descanso. Podríamos hacer una barbacoa.

—Quizás —dijo el papá de Cecilia—. Aunque el domingo es un día muy ocupado en la panadería. Cecilia y yo le preguntaremos hoy cuando la veamos. Tal vez podamos convencerla.

Cecilia y su papá tenían que hacer algunos mandados por la parte noroeste de Chicago, donde estaba la panadería de su tía. Su mamá llevaría a su hermano pequeño a jugar su partido de béisbol de la Liga Infantil en el parque Welles.

A Cecilia le gustaba ir por la ciudad en el carro con su papá. Cuando paraban en la luz roja de un semáforo, miraba a las personas que pasaban caminando y trataba de imaginar hacia dónde se dirigían y qué estaban haciendo.

También era divertido leer en voz alta los carteles que pasaban.

"Las mejores costillas asadas, al verdadero estilo ranchero" —leyó.

Después de andar un rato, los carteles comenzaron a cambiar. Las palabras eran más difíciles de identificar.

—Librería Po—lo—nia. ¿Qué significa?

—Ésa es la librería polaca —le dijo su papá.

—Ahora estamos en el vecindario polaco.

Cecilia había estado en esta parte de Chicago anteriormente. Muchas de las personas que viven aquí hablaban muy poco inglés. Algunos se habían venido de Polonia a Estados Unidos recientemente. Vivir cerca de personas que hablaran su idioma les ayudaba a acostumbrarse a este país.

—¿Me contarías de nuevo cómo viniste a Estados Unidos?

—Fue en el año 1989 —dijo—. Mi tío abuelo, que había venido a Estados Unidos algunos años atrás, hizo los trámites para que tu tía Olga y yo viniéramos a Chicago.

—¿Por qué se mudaron a Chicago? —preguntó Cecilia.

—Sabíamos que había muchas oportunidades de trabajo en Estados Unidos. Tu tía y yo deseábamos tener más oportunidades que las que era posible encontrar en Polonia. Así que nos fuimos de Lódz.

—¿Ésa era la ciudad donde vivían?

—Sí. Está al sudoeste de Varsovia, la capital de Polonia —. El papá de Cecilia estacionó el carro.

Cecilia alzó la vista. Estaban allí, frente a la panadería de la tía Olga.

Paczki y pan de centeno

Cecilia abrió la puerta de la panadería y aspiró profundamente el delicioso aroma que había adentro.

Tía Olga estaba atendiendo a unos clientes. Le hizo una seña a Cecilia y a su papá pero no paró de trabajar. Cuando un cliente le señalaba un panecillo o una galleta, la tía Olga los colocaba en una pequeña caja. Cuando estaba llena, pasaba alrededor de la caja un cordel que amarraba con un nudo.

Cecilia se acercó al mostrador. En una vitrina había una bandeja de rosquillas espolvoreadas con azúcar. Un hombre corpulento pidió dos docenas de ellas.

—A todo el mundo le gustan los paczkis de tu tía Olga —dijo el papá de Cecilia—. Alguna gente los llama rosquillas polacas.

Tras varios minutos de espera, la panadería se quedó vacía y la tía Olga salió de detrás del mostrador.

—Es imposible saber cuándo van a llegar los clientes —dijo sacudiendo la cabeza—. ¡Bienvenidos! —dijo entonces acariciando el cabello de Cecilia mientras hacía una mueca con la boca—. Mira esta cabellera. Pronto tendrás que hacerte las trenzas.

Cecilia no estaba segura de qué debía responder. Le gustaba visitar a su tía Olga, pero algunas veces no la entendía, así que se limitó a sonreír asintiendo.

—Comimos tu pan de centeno esta mañana en el desayuno —dijo el papá de Cecilia.

—¡Qué bueno! —dijo tía Olga—. ¿Qué llevarán hoy para la casa? Hice un rico pastel de manzanas esta mañana.

—¿Por qué no decides tú, Cecilia? —dijo su papá—. Te puedes quedar aquí y hablar con tía Olga mientras yo voy a cambiarle el aceite al carro.

—Está bien —dijo Cecilia.

Le encantaba mirar todas las galletas y los pasteles. Tenían nombres tan diferentes a los del supermercado…

Tía Olga sonrió.

—Ven —le dijo—. Te enseñaré dónde preparé el pan de centeno que comiste esta mañana.

9

Una fiesta de polka

Cecilia y su tía Olga fueron detrás del mostrador y atravesaron una puerta. Cecilia nunca había estado en la parte trasera de la panadería. Había una cazuela de metal casi de su tamaño con un gran gancho encima que servía para mezclar la masa.

—La mayoría de mis recetas son para hacer treinta panes, así que el recipiente tiene que ser grande —dijo la tía Olga.

Le enseñó a Cecilia las grandes latas en las que guardaba el centeno y la harina. Los tarros de especias estaban alineados en un estante.

—La alcaravea le da al centeno un sabor muy especial —dijo tía Olga —. Tiene un sabor parecido al regaliz.

—¿Qué hay ahí dentro? —preguntó Cecilia señalando un cubo plástico que decía "SA".

—Semillas de amapola —dijo tía Olga—. Las uso para rellenar algunos de mis pasteles y galletas.

Abrió la tapa para que Cecilia pudiera mirar adentro. Las semillas de amapola eran pequeños granitos negros, cada uno del tamaño de un grano de sal.

Un timbre sonó en la puerta de la panadería.

—Regreso enseguida —dijo la tía Olga. Y corrió hacia la parte delantera de la panadería a atender un cliente.

Cecilia vio una receta en una pizarra. El papel en el que estaba escrita estaba estrujado y sucio. "MEDIANYK (pastel de miel)", leyó.

11

Medianyk (pastel de miel)

1 barra de mantequilla

4 huevos grandes

1 taza de miel

1 taza de harina

3 pizcas de nuez moscada

1 pizca de clavo molido

1 cucharadita de canela

2 cucharaditas de polvo
   de hornear

La tía Olga regresó. "Parecía estar siempre en movimiento", pensó Cecilia.

—¿De dónde son tus recetas? —le preguntó a su tía.

—Esa receta de pastel de miel ha estado en nuestra familia por muchos años. Mi tía Anna me la enseñó. Yo trabajaba en su panadería en Lódz antes de venir a Chicago.

—¿No querías quedarte en Polonia? —preguntó Cecilia. Ella misma no querría dejar a sus amigos y mudarse a un lugar lejano.

—Antes extrañaba mucho Polonia. A veces todavía la extraño —contestó la tía Olga—. Pero Estados Unidos es un país con muchas oportunidades y la vida es mucho más fácil aquí. En Polonia, las personas tienen que trabajar muy duro todo el tiempo.

—Aquí también trabajas mucho —dijo Cecilia.

—Eso lo aprendí en Polonia —dijo la tía Olga—. Es parte de nuestra cultura. Pero a los polacos también nos gusta celebrar —dijo sonriéndole a Cecilia—. A veces las fiestas duran dos o tres días.

—¡Increíble! ¿Y qué hacen durante todo ese tiempo?

—Comer, cantar, bailar. Siempre hay alguien que trae un acordeón para tocar polkas.

—¿Qué es una polka?

—Es un género musical, pero también es un baile —explicó tía Olga.

Entonces le enseñó a Cecilia cómo bailar la polka. Saltaron arriba y abajo y por todos los lados hasta que las dos se quedaron sin aliento y estaban riendo a carcajadas.

—No bailaba así de rápido desde la boda de tu mamá y tu papá —dijo tía Olga.

—¿Hicieron una gran fiesta?

—Sí. Yo hice un pastel de miel decorado con pequeños caramelos redondos que parecían confeti.

El timbre sonó en la puerta de entrada de la panadería.

—Más clientes —dijo tía Olga—. ¿Por qué no vienes al frente conmigo?

Una mujer pidió seis paczkis, una docena de panecillos con semillas de amapola y un pan de centeno.

—¿Me alcanzas los paczkis? — le pidió la tía Olga a Cecilia y le dio una caja.

Cecilia buscó hasta encontrar una bandeja con un letrero que decía "PACZKI". Con mucho cuidado, puso seis en la caja.

—Debe ser agradable tener una ayudante tan buena —dijo la mujer.

El timbre sonó nuevamente.

—Ya veo que la tía Olga te puso a trabajar —dijo el papá de Cecilia.

—Sí, pero es divertido —dijo Cecilia—. ¿Podrías venir a almorzar con nosotros mañana? —le preguntó a su tía.

—El domingo es un día de mucho trabajo aquí —dijo tía Olga vacilando.

—Por favor, ven —le dijo Cecilia—. Recuerda que celebrar es parte de nuestra cultura polaca.

—Tal vez pueda cerrar la panadería más temprano —dijo tía Olga sonriendo—. ¿Qué te gustaría que lleve?